さぁ、会社でもつくろうか

中谷彰宏

AKIHIRO NAKATANI

books.MdN.co.jp
MdN
エムディエヌコーポレーション

自分の会社を
作って良かった事は、
作る前には
見えなかった景色を
見れること。

中谷彰宏

この本は3人のために書きました。

① 自分で会社をつくろうと思っている人。

② 会社はつくりたいけど、一歩を踏み出せない人。

③ 自分で会社をつくったけど、うまくいかない人。

1. まえがき

会社をつくると、やりたいことに出会える。

「やりたいことが決まってから、会社をつくります」と言う人がいます。
「まだ、やりたいことが、わからない」と、立ち止まっています。
「決まってから」と考えていると、会社は永遠につくれません。
「何をするか」は、会社をつくってから考えればいいのです。

さぁ、会社でもつくろうか◉目次

第1章 自分の会社をつくると自由になれる

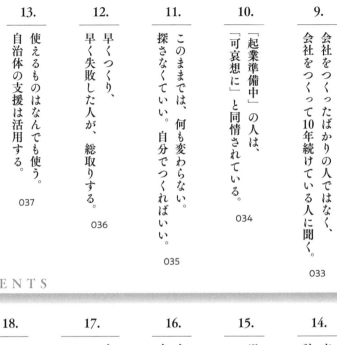

CONTENTS

CONTENTS

第3章 お金が、「目的」から「手段」に変わる

CONTENTS

第4章 自分の選択で失敗ができる

第5章 すべての人がお客様になる

CONTENTS

第6章 会社をつくると社長同士が友達になる

第7章 社長は大変。だけど楽しい

CONTENTS

163. 自分で会社をつくることで、勤めていた会社のありがたみがわかる。 193

164. 視野を広げるとは、困っている人の気持ちに気づくこと。 194

165. 社長とは、労働時間が一番長くて、一番楽しんでいる人のことだ。 195

166. 確実に「儲かること」はできない。確実に「楽しむこと」はできる。 196

167. 大手企業の社員より、たとえ小さくても社長のほうがモテる。 197

168. 社長は、大変。だけど、楽しい。 198

あとがき

169. 「会社をつくるなんて、やめておけ」と言いながら、社長は楽しそうだ。 199

第1章

自分の会社をつくると自由になれる

2.

TSUTAYAカードがつくれたら、誰でも会社の登記はできる。

会社をつくるのをためらっている人は、それを「難しい」と思い込んでいます。どれくらい難しいかを調べていません。

そして、面倒なことが楽しくなるのが、会社をつくるということです。

調べてみると、会社をつくるのはすごく簡単なことに驚くのです。

3. 知識がなくても会社はつくれる。「つくりたい」という気持ちがあればできる。

会社のつくり方を教えることはできます。

でも、「つくりたい」をいう気持ちを植えつけることは、できません。

「つくりたい」という気持ちがなければ、会社はつくれません。

バイアグラを飲んでも、性欲が湧《わ》くわけではないのと同じです。

4. 「働かされる」から、「働く」へ。

サラリーマンとして働いているうちは、
「働いている」つもりで「働かされて」いました。
自分の会社をつくると、それが「働く」に変わります。
「働かせる」でもありません。
「働く」ワクワクを、知ることができるのです。

5.
自分の会社という選択肢を持つだけで、自由になる。

「いざとなったら、自分で会社をつくる」。

そう心のなかで、思っておくことです。

今はまだ、そのタイミングではないだけです。

「会社をつくるぞ」と思っていると、
サラリーマンをしていても、心のなかに変化が生まれます。

6.

人は、二通りに分かれる。会社をつくった人と、会社に雇われる人。

成功する人と、失敗する人に分かれるのではありません。
「自分の人生を生きる人」と「他人の人生を生きる人」、
「自分の夢を叶える人」と「他人の夢を叶える人」、
「自分の時間を生きる人」と「他人の時間を生きる人」に分かれるのです。

7.

会社をつくろうと思った瞬間から、今の会社から学べる。

会社にしがみついていると、会社にいる価値がわかりません。
自分の会社をつくろうと思うと、
今いる会社のなかに、学べるノウハウが無限にあることに気づきます。
学ぶには、今の仕事を懸命にすることです。
自分の会社をつくろうと思っている人ほど、今の会社でも働けるのです。

8. 会社をつくる相談は、会社をつくった人にする。

「会社をつくる相談をしたら、反対された」という人がいます。
それは、相談する相手を間違っています。
会社をつくったことがない人に、相談しているのです。
会社をつくったことがない人のアドバイスは、参考になりません。

9.

会社をつくったばかりの人ではなく、会社をつくって10年続けている人に聞く。

会社をつくったことがある人でも、すぐに廃業した人のアドバイスは、参考になりません。

自分がうまくいかなかったので、「やめておいたほうがいいよ」となります。

最低10年続けている人の話が、参考になります。

失敗と成功の両方を体験している人のアドバイスが、最も参考になります。

10.
「起業準備中」の人は、「可哀想に」と同情されている。

名刺の肩書が、「起業準備中」の人がいます。
僕の「起業家講座」に来る人のなかにもいます。
すでに会社をつくっている人は、「なんで、つくらないの」と思っています。
「すぐ、つくれるのにね」と、気の毒がっています。

11.
このままでは、何も変わらない。探さなくていい。自分でつくればいい。

「どこかに、いい会社は、ありませんか」と探している人がいます。そんな理想の会社は、どこにもありません。なければ、つくってしまえばいいのです。自分でつくって、自分がその会社に入ればいいのです。

12. 早くつくり、早く失敗した人が、総取りする。

「まだ、準備ができていないので。今つくると、失敗しそうで」と、ためらっている人がいます。

成功するコツは、早くつくって、早く失敗することです。

あとからつくった人は、早く失敗した人には永遠に追いつけません。

13. 使えるものはなんでも使う。自治体の支援は活用する。

多くの自治体は、会社をつくることを、応援しています。
「会社のつくり方」の無料講習会も開いています。
さらに、借入金のできる銀行も紹介してくれます。
その自治体で会社を登記してもらうと、税収が見込めるからです。
使えるものは、探せばたくさんあります。

14. 卒業して、学校から会社に入る。独立して、会社から社会に出る。

学校を卒業して就職することは、社会に出ることではありません。
それは、社会に出るのではなく、会社に入るということです。
そこでは会社の檻《おり》に、守られていました。
会社を自分でつくるときが、会社を出て、やっと社会に出るときです。

15.
退職ではなく、独立。ここから人生が始まる。

最終学歴は、学校ではありません。
組織にいてご飯を食べさせてもらっているうちは、丁稚奉公《でっちぼうこう》です。
仕事を教わった会社が、最終学歴です。
自分の会社をつくるところからが、自分の人生の始まりです。

16.
会社をつくることが、本当に卒業するということだ。

会社を辞めて、別の会社に転職したとしても、それは卒業ではありません。
ただの転校にすぎません。
自分で会社をつくって、初めて卒業と言えるのです。
そろそろ、会社を卒業しましょう。

17. 会社をつくることで、キャリアプランから、ライフプランに変わる。

サラリーマンには、定年があります。
自分のつくった会社では、定年がありません。
そこではキャリアプランより、ライフプランが大事になります。
自分の会社をつくることで、ライフプランになるのです。

18. つくる人は、つくる。つくらない人は、つくらない。

全員が、会社をつくらなくてもいいのです。
会社をつくらない人がいるから、従業員が雇《やと》えるのです。
会社をつくるというのは、権利であって義務ではありません。
つくりたくなければ、それはそれでいいのです。

19.
「会社をつくろうと思うこと」が、起業に向いている証拠。

「自分は起業に、向いているだろうか」と考える必要はありません。
向いていない人は、そもそも「会社をつくろう」などとは思わないからです。
「能力は、あるだろうか」と考える必要もありません。
能力は、会社をつくってから身につくものです。

20. 会社をつくる人は、「つくろう」と思った日につくる。

「そのうちに、会社をつくりたいと思っています」、という人がいます。
こういう人は、一生、会社をつくることはありません。
「そのうちに」は、永遠に来ないのです。
会社をつくるグッドタイミングは、「つくろう！」と思ったその日です。

21. 決断なんか要らない。社長とは、〝はずみ〟でなるもの。

会社をつくるのは、結婚に似ています。
結婚は、はずみでするものです。
「はずみでつくって、失敗しないか？」などと、心配する必要はありません。
はずみでしたことのほうが、長続きするものです。

22. 社内で頑張って社長になるより、会社をつくるほうが簡単。

社内で頑張って、社長になるのは大変です。
能力のある人ほど、妬《ねた》まれて、左遷されていきます。
たとえ社長になれたとしても、すぐに定年を迎えます。
自分でつくった会社なら、定年も自分で決めることができます。

23. 会社をつくるのは、学校でサークルをつくるのと同じだ。

僕は学生時代、空手部と映画部と短歌部と将棋部と弁論部に所属していました。
ほとんどが、自分でつくった「部」でした。
先輩のいる部が、煩《わずら》わしかったからです。
先輩がうっとうしいなら、部をつくって、自分が先輩になればいいのです。

24.

「今、つくりたい」という気持ちは、明日には消えている。

今、会社をつくりたいと思っても、明日も、そのとおり思っているとは限りません。
やりたい気持ちは日々、薄れていきます。
明日になると、「そんなこと、思っていたっけ」と忘れてしまいます。
「会社をつくりたい」と思うのは、神様からのメッセージです。
「つくりたくないようだな」と神様が思えば、別の人にメッセージするのです。

25.
全員が社長に、ならなくていい。なりたい「ドMな人」だけが、なる。

社長になりたい人は、ドMな人です。
難しい問題であればあるほど、燃えるタイプの人です。
ドMな人は、同時に、ドSな人です。
ドSのSは、サービスのSです。
と、SMの女王様が教えてくれました。

26. ゼロからつくる、楽しさがわかる。会社をつくること自体が楽しい。

ある大企業グループの経営者が、ニコニコしながら言いました。

「会社をやめて、また新しい会社をつくってん」

と、イキイキしていました。

会社を大きくすることより、会社をつくるほうが遥《はる》かに楽しいのです。

27. 家族に相談したら、反対されるのは当然。

家族は、会社をつくることに、反対します。
家族が反対するのは、当然です。
家のローンや、子どもの教育費に影響が出る可能性があるからです。
いきなり「話がある」と切り出すと、離婚の話と間違えられたりします。
ふだんから、家族とは頻繁にコミュニケーションをとっておくことです。

28. 会社をつくったら、「いいこと」がやる気になり、「どうしたら、つくれるか」が作戦になる。

会社をつくるには、「やる気」と「作戦」が要《い》ります。
どちらかひとつだけだと、挫《くじ》けます。
「こんなにいいことが、あるよ」と実践している人に、
直接聞くことが「やる気」を起こさせます。
作戦を聞くことで、「自分にもできそうだ」と思えるのです。

29.

地図は要らなくなる。羅針盤だけあればいい。

サラリーマンの間は、進むべき道の地図を求めます。
そして、渡された地図どおりに進まなければなりません。
その地図はたいてい間違っているのですが、責任を取らされます。
会社をつくると、地図は要らなくなります。
進むべき方向がわかるように、羅針盤だけあればいいのです。

30. 会社のレールから抜け出したら、新しいレールは、自分でつくろう。

会社というレールをせっかく外《はず》れたのに、
また新しいレールを探そうとするのは、もったいない。
レールは、自分でつくればいいのです。
もしかするとレールそのものも、要らないのです。

第2章

自分の会社をつくるとグチがなくなる

31. 自分で会社をつくると、グチがなくなる。グチは、雇われる側から生まれる。

雇う側には、本来「グチ」はありません。
不満に思うことは、すべて自分の責任になるからです。
非生産的なグチを言っている意味がなくなるのです。
その結果、グチとは無縁になっていきます。

32. サラリーマン時代に、地獄を見た人は強い。

サラリーマン時代に、苦労が多かった人ほど、会社をつくると、うまくいきます。

人生の早い段階で、地獄を見ておいたほうがいいのです。

そのときに飲まされた煮え湯が、会社をつくるときに活きてきます。

会社にいるだけでは、その苦労も単なるグチで終わってしまうのです。

33. リスクを"回避する"から、"リスクを取る"覚悟が生まれる。

サラリーマンのうちは、いかにリスクを回避するかに、頭を奪われます。
自分の会社をつくると、リスクを積極的に取れるようになります。
チャンスは、リスクのなかにあるからです。
リスクとは、損を引き受けるということです。
覚悟とは、自分でリスクを取れるということです。

34.

サラリーマンには、競争がある。社長は、生き残るだけでいい。

サラリーマンがしんどいのは、競争があるからです。
そこで勝たないと、生き残れません。
社長は、誰かと戦う必要がありません。
そこで生き延びた人が、勝者になるのです。

35. 待ち合わせに、一番早く来るようになる。

待ち合わせには、社長が一番先にやってきます。
それが、苦にならなくなります。
先に来るのが当たり前と思うようになるからです。
自分の会社をつくると時間感覚が変わるのです。

36.
時間の約束を守ることで、信用される。

待ち合わせ場所に、先に行く。
納期よりも、早く納める。
365日、24時間、対応する。
急ぎの仕事でも、すぐに対応することで信用は生まれる。

37.
上司の顔色を見なくなる。
部下の幸せに目がいくようになる。

サラリーマン時代は、常に上司の顔色を見ていました。
それが、会社のなかで生き延びる最良の方法だったからです。
社長になると、社員を思いやれるようになります。
顔色ではなく、気持ちを考えることができるようになるのです。

38.

仕事を、選り好みしなくなる。
仕事は選べないけど、やり方は選べる。

「会社をつくると、なんでも好きなことができる」というのは、間違いです。
逆に仕事は、選べなくなります。
選ばなくても、よくなるのです。
仕事が楽しめない理由のひとつは、仕事のやり方を指定されることです。
自分のつくった会社ならば、どんな仕事がきても自分のやり方でできます。

39.
休日が、要らなくなる。給料を払ってでも、働きたくなる。

雇われている側だと、休みがほしくなります。
どれだけ休みが増えても、もっとほしくなります。
会社をつくると、たとえ給料はもらえなくても仕事がしたくなります。
お金を払ってでも、自分から働きたいと思えます。

40.

会社をつくると、遊んでいる時間がもったいなくなる。

会社の資産は、お金ではなく時間です。
時間がお金を生み、価値を生み出します。
勉強するためには、時間が必要です。
自分の会社をつくると、飲み会でグチをこぼしている時間がなくなります。

41. ピンチになると、元気になる。

サラリーマンは、ピンチになると不安になります。
減給とクビの心配をするようになります。
社長は、ピンチになると逆に元気になります。
ピンチのときこそ、自分の出番だと思うからです。

42.
「今、自分はなにができるのか」と、自分から目をそらさなくなる。

人のつくった会社で働いているうちは、本当の自分からは、目をそらしています。
だから、「今、自分は、なにができて、なにができないのか」に気づけません。
自分の会社をつくると、自分を見つめざるを得なくなります。

43. 会社をつくると、プライドを引きずらなくなる。

「プライドは捨てろ」とよく言われます。
プライドは、サラリーマンの間は、なかなか捨てにくいものです。
会社をつくると、プライドには、なんの生産性もないことに気づきます。
プライドを引きずっていると、うまくいかないのです。

44. 周りの人にわかってもらうことを、求めなくなる。

サラリーマンだと、周りの人に理解してもらうことを求めます。
「上司は、わかってくれない」「経営者の理解がない」と言います。
それは、親子関係と同じです。
親に対して子は、「わかってくれない」から「わかってあげたい」と考えます。
それが、親離れであり、会社なら会社離れです。

45. 社長を、リスペクトできるようになる。

社長の大変さは、社長にしかわかりません。
たとえば、社長は孤独です。そんなことは社長にならないとわからないことです。
社長になると、お世話になった会社の社長をリスペクトできるようになります。
社長同士だけが、共感できることがあるのです。

46.
自分が勤めていた会社に、心から感謝できるようになる。

会社をつくった人が、口をそろえて言うのが、勤めていた会社のありがたみです。
そのありがたみがわかる人のつくった会社が、成功します。
自分が勤めていた会社の悪口を言う人は、会社をつくっても成功しません。
立場が変わらないと、ありがたみはわからないのです。

47. アルバイトくんにお茶を淹れることが楽しくなる。

会社をつくると、社長はあらゆる雑用をしなければなりません。
ところが、その雑用が、けっこう楽しくなるのです。
アルバイトくんのモチベーションをアップさせるのも、社長の仕事です。
アルバイトくんのお茶淹《い》れが、楽しくできるようになるのです。

48. 会社をつくると、頭を下げることが楽しくなる。

会社をつくると、頭を下げることも増えます。
サラリーマン時代よりも、心をこめて頭を下げることが多くなるでしょう。
だから、頭を下げることが苦にならなくなります。
むしろ頭を下げることで、いろんなことができる喜びを感じるようになります。

49.

自分の会社をつくると、「トイレ掃除」も「ゴミ出し」も楽しくなる。

会社をつくると、「トイレ掃除」や「ゴミ出し」も自分ですることになります。
あらゆる雑用をしなければならなくなります。
社長とは、あらゆる雑用をしなければならない仕事なのです。
そして、あらゆる雑用が楽しくなってきます。

50. 社員を守るために、罵声を浴びせられることが楽しくなる。

会社をつくると「社長を、出せ」と罵声《ばせい》を浴びせられることがあります。
社員を、そんな罵声から守るのが、社長の務めです。
罵声を浴びるのも、社長の仕事のひとつです。
社員を守るために、罵声を浴びることが、楽しくなるのが社長です。

51. 社員の家族が、自分の家族になる。

自分の会社をつくると、今まで出会えなかった人に出会うことができます。
今まで出会えなかった、お客様にも出会えます。
今まで出会えなかった、社員にも出会えます。
そして、社員が、新しい家族になります。
さらに、社員の家族も、自分の家族になります。

52. 自分の会社をつくると自分で叩いた太鼓の音が聴ける。

組織で働いていると、あまりにも人数が多すぎて、自分で叩いた太鼓の音を聴くことができません。自分の会社をつくると、たとえ失敗しても、自分で叩いた太鼓の音を聴くことができます。

53.

会社をつくらないと見ることができない景色がある。

「会社をつくると、どんないいことがありますか?」と聞かれます。

人それぞれなので、つくってみないとわかりません。

確実に言えることは、会社をつくらなかったら、出会えなかったことに、出会える、ということです。

54. 「24時間365日仕事中」を楽しめる。

自分で会社をつくると、労働時間が無限大になります。
そして、休みが要らなくなります。
休むのが、もったいなくなるからです。
さらに月曜の朝が、楽しみになります。

55. 正解より、別解が楽しくなる。

組織で働いているうちは、「正解」を必死で探します。
正解でないことを恐れ、正解を暗記します。
自分で会社をつくると、「別解」を考えるのが楽しくなります。
暗記ではなく、考えるのが楽しくなるのです。

第3章

お金が、「目的」から「手段」に変わる

56.
お金を、「お金を学ぶこと」に使える。

お金は、お金を活用してくれる人のところに集まります。
お金を活用するには、「お金のことを学ぶ」ことが必要です。
だから、お金を学ぶことにお金を使うのです。
お金を活用しないで、貯金しているようでは、お金は逃げていきます。

57.

お金が、「目的」から、「手段」に変わる。

雇われている間は、お金が「目的」になります。
会社をつくると、お金は「手段」に変わります。
それは、ゲームをするときのおもちゃの紙幣のようなものです。
お金が目的の人は、
あるなしにかかわらず、いつもお金で苦労するようになります。

58. 無料のＳＮＳと有料のビジネスには天地の開きがあることに気づく。

無料のＳＮＳで、どんなにフォロワーがいても、有料になると、まったく関係がありません。会社をつくることで、１円のシビアさに気づきます。１円を稼ぐことの大変さを知ることが、大人になるということです。

59.

「お金がないからできない」と言う人は、実は「いくらでできるか」を調べていない。

「会社をつくりたいけど、お金がない」と言う人がいます。
「いくら足りないのですか？」と聞くと、答えられません。
調べようともしないのは、「やりたくない」からです。
いくら必要で、いくら足りないかを具体的に知ることが大切です。

60. 借金が、怖くなくなる。借金が、信用になる。

会社経営とは、「借金で利益を出す」一面があります。
雇われている人は、借金を苦痛に感じます。
そのため、貯金をして、不安に怯《おび》えて生きることになります。
借金は、「それだけ、金融機関が貸している」という信用でもあるのです。

61. 請求書が、ラブレターに見えてくる。

会社をつくると、郵便物が、増えます。
そのほとんどは、請求書です。
請求書が多いということは、それだけ多くの仕事をしているということです。
自分で会社をつくると、請求書に、いちいちビクビクしなくなるのです。

62. 初期投資を小さく、在庫を持たなくてもできる。

初期投資しなくても、会社をつくることはできます。
たとえオフィスなし、電話なしでも、会社はつくれます。
初期投資をかけず、在庫なしでやれば、つまずいても大丈夫です。
稼ぐために必要なことは、目に見えないところにあるのです。

63.
見栄から生まれる、ムダなコストを使わなくなる。

ムダなコストは、ほとんどが見栄《みえ》から生まれます。
会社をつくると、徹底的な合理主義者になります。
見栄をはらなくても、自己肯定感が高くなります。
経営だけでなく、すべてのことで、お金のムダ遣いがなくなります。

64. たとえ紙一枚でもムダにできない、という意識に目覚める。

会社をつくると、自動的にエコになります。

雇われているときは、コピー機のリース代、用紙やインク代は、無料としてカウントします。

会社をつくると、ムダ遣いをしなくなるので、地球にも優しくなります。

65. 会社をつくると、時間のムダづかいがなくなる。

本当の資産は、お金ではなく、時間です。
限られた時間のなかで、お金をどれだけ活用するかが勝負です。
サラリーマンをしている間は、何もしなくても、
時間に対して、給料が出ました。
社長になると、時間に価値が生まれるのです。

66.

会社をつくることで、空気にもお金がかかることがわかる。

会社をつくると、あらゆることにお金がかかっていたことに気づかされます。

会社をつくること自体が、お金を学ぶチャンスなのです。

光熱費も、社会保険料も、年金も、目に見えません。

会社をつくると、サラリーマン時代には見えなかったお金に、気づけるようになります。

67.
儲けを目指している人より、楽しんでいる人に仕事は集まる。

儲かるから、楽しそうなのではありません。
楽しそうだから、儲かるのです。
儲かることを目的にしてしまうと、楽しくなくなります。
我慢しながらしていることは、うまくいかないものです。

68. 結果より、プロセスが楽しくなる。

雇われている間は、ほとんどのことは結果で判断されます。
なので、プロセスは関係ありません。
会社をつくると、プロセスを味わうことができます。
結果は、「おまけ」になります。

69.

会社をつくったお祝いは、現金でもらっていい。

会社を経営するというのは、リアルなことです。
一番リアルなのは、お金が毎日出たり入ったりするということです。
会社をつくったお祝いをもらうなら、現金でもらうのが一番です。
リアルとは、カッコをつけないことなのです。

70. 仕事は速く、ギャラは安く、クオリティはソコソコがいい。

映画『カメラを止めるな！』に出てくる監督のセリフです。
仕事が速く、ギャラが安いことが、プロの条件です。
クオリティーは、依頼主が判断することです。
クオリティーにこだわって、仕事が遅くなるのは、実はプロではありません。

71.

軌道に乗るまで、時間がかかったほうが長続きする。

会社が軌道に乗るまでには、10年かかるのが普通です。
だから、10年続いた人に聞くのがいいのです。
黒字転換があまりにも早いのは、どこかでムリをしているので、早く潰れます。
「なかなか黒字にならない」が、ちょうどいいのです。

72.

「楽して、稼ぎたい」という甘えから、卒業できる。

「楽して、稼ぎたい」を突き詰めると、詐欺師のリストに入ることになります。
詐欺師は、ターゲットを絞り込んでいます。
一番ターゲットになりやすいのが、不労所得を欲しがる人たちです。
社長は、過労所得なので、詐欺師のリストから外されます。

73.

社長の報酬は、お金ではない。「ワクワクすること」が報酬だ。

会社をつくると、報酬をお金だけに求めなくなります。
経営者の特権は、ワクワクすることです。
だから社長は経営するだけで、元を取っています。
お金への欲が消えることで、お金への不安もなくなります。

74. 個人あての支払いほど、早くする。

金曜日に支払う人は、信用されます。
月曜日に支払う人は、信用されません。
受け取る人にとって、これは大きな違いなのです。
大企業より、個人あての支払いを優先して早くすることです。

75. 支払いを早くすることで、信用されるようになる。

信頼の差は、お金の支払いの早さで決まります。
即、支払う人は、信用されます。
支払日ギリギリに払う人は、信用されません。
「あれ、どうなっていますか？」と言われてから支払う人は、信用されません。

76.

信頼できる税理士さんを探すのではなく、税理士さんに信用してもらえるようになる。

「税理士さんが信用できない」という社長は、税理士さんからも信用されません。

税理士さんをコロコロ変えている会社は、税務署からマークされるのです。

税理士さんを信用することで、税理士さんからも信用されるようになります。

77. 税金の勉強をしている時間を、本業に使う。

会社をつくると、税金を払わないといけません。
節税するために税金の勉強をすることは、ムダな時間になります。
税理士になろうというわけではないからです。
税金のことは忘れて、本業に専念するために、いい税理士さんと出会うことです。
その出会い方を身につけることこそ、大事なことです。

78. 税理士さんと税務署をナメる人は、信用をなくす。

「税理士がやるよりも、自分でやったほうが、税金が安くなる」と考える人は、税金でしくじります。

「どうせわからないだろう」は、税務署を侮《あなど》っています。

税理士さんと税務署へのリスペクトがある人が、お金のこともうまくいきます。

79.
税金を払うことで、世の中にお返ししたくなる。

雇われているときは、「税金が高いこと」がストレスになります。
会社をつくると、「いかに税金を払うか」を考えます。
税金を払うために、利益を生み出そうとするのです。
税金は、仕事をするときのワクワク代と感じるようになります。

80. 会社をつくる人は、3つの知識を学ぶ。「専門知識」「お金の知識」「人との付き合い方の知識」

会社をつくるために必要なのは、「専門知識」だけではありません。
経営するための、「お金の知識」も必要です。
ネットワークをつくるための「人との付き合い方の知識」も必要です。
それらの知識がなかったことに気づき、学ぶことから始まるのです。

第4章

自分の選択で失敗ができる

81. 会社をつくると、自分の選択で失敗ができる。

同じ失敗でも、他者の選択による失敗は、納得できません。
他者の選択によるものは、成功したとしても、達成感はありません。
失敗したときは、「自分で選んだことだから」と受け入れて、反省することです。
受け入れるから、改善することができるのです。

82.
失敗しないと、成功が再現できない。

成功だけしているのは、運が良かっただけの可能性があります。
再現できないことは、継続することができません。
失敗することで、成功と失敗の境目《さかいめ》がわかります。
失敗するのは、成功の再現をさらに再現するために必要なプロセスなのです。

83.

失敗する能力がない人は、言い訳をする。成功する人は、他人のせいにしない。

失敗することができるのも、能力です。
失敗する能力がなければ、失敗できません。
失敗する能力とは、失敗から学ぶ能力でもあります。
失敗を人のせいにすると、せっかくの失敗から何も学べないのです。

84.

「誰か、なんとかして」から、「自分が、なんとかしよう」に変わる。

自分で会社をつくると、受け身から自発に変わります。
「誰か、なんとかして」は、受け身です。
「自分が、なんとかしよう」は、自発です。
「不安」は、受け身で大きくなり、自発で小さくなります。

85.

「どうなりたいか」を想像し、「どうすればいいか」を論理的に考える。

「どうすればいいですか？」と相談する人は、
「どうなりたいか」が欠落しています。
考える順番は、「どうなりたいか」を先に決めることです。
その次に、「どうしたらいいか」を論理的に考えるのです。

86.

自分の足りないところの仮説を立てて、補うための行動をする。

うまくいかないのは、運が悪いからではありません。

足りないところがあるから、うまくいかないだけです。

足りないところの仮説を立てて、補うための行動をすることで、次回から、うまくいく確率が上がります。

87.

落ち込み、割りきることで、切り替わる。

失敗したときは、思いきり落ち込むことです。
きちんと落ち込んで、そして、割りきるのです。
割りきることで、「次、行こう」と、気持ちを切り替えることができるのです。
きちんと落ち込んでおかないと、いつまでも失敗を引きずってしまいます。

88. バカにされ、怒鳴られることが楽しくなる。

会社をつくると、時にはバカにされることもあります。
サラリーマン時代は、会社の看板に守られていたのです。
これは、僕も、体験しました。
でも、気づきました。「バカになれる」ことが、嫌ではなくなっていたのです。

89.

勝ち負けに、こだわらなくなる。他者承認も、気にならなくなる。

組織で働いているうちは、勝ち負けが気になりました。
自分で会社をつくると、勝ち負けが気にならなくなります。
他者承認も、気にならなくなります。
自分で会社をつくると、「自分の納得」が最優先になるのです。

90. ワクワクは、「できそうなこと」より、「やりたいこと」から生まれる。

「やりたいことが、見つからない」と言っている人は、「できそうなこと」を、探しています。

「できそうなこと」は、うまくいってもワクワクすることはありません。

「やりたいこと」とは、「やれるかどうか、わからないこと」なのです。

91. 失敗しても、「楽しかった」と思える仕事を選ぶ。

うまくいくから、楽しいのではありません。
楽しいことだから、うまくいくのです。
会社をつくって、成功することが、目的ではありません。
会社をつくること自体が、楽しいのです。

92. 会社をつくることで、自分の勉強不足に気づける。

会社に長く勤めていると、自分は「そこそこできている」と、過信してしまいます。
自分の会社をつくることで「知らないことだらけ」だと気づきます。
勉強する意欲は、「知らないことだらけ」の気づきから生まれます。

93. 社長になると、他社の社長から直に学ぶことができる。

会社の運営の仕方は、社長からしか学べません。
教えてくれる相手は、社長だけです。
自分が社員の間は、社長は教えてくれません。
まず自分が社長になることで、
他社の社長から、教えてもらえるようになります。

94. 社員の育成より、社員を育成できるように自分を育成したくなる。

「いい社員が、集まらない」と嘆いていても仕方がありません。
どんな社員でも、できる社員に育てていくことです。
その前に、「育てることができる自分を育てる」ことが大事です。
グチを言っている時間に、自ら勉強するようになります。

95. 専門知識より、業界のマナーを覚える。

会社をつくってうまくいくには、業界の先輩に可愛がってもらうことです。
先輩に可愛がってもらうには、業界のマナーを身につけることです。
業界のマナーは、どこにも書いてありません。
業界ごとに違うマナーを、身体で覚えていく人が、
可愛がってもらえるのです。

96. 社長から学ぶためには、会社をつくって、社長になることだ。

社長になる勉強は、他社の社長に教わるのが早道です。
ところが、社長は、社長にしか教えません。
今、社長でない人にはなにを言っても通じないので、教えないのです。
社長に教えてもらいたければ、会社をつくって、自分が社長になることです。

97. 成功している人が、コツコツ努力している「泥臭力」がわかる。

成功している人の共通点は、コツコツ努力していることです。
カッコよく見えることだけを追いかけていると、うまくいきません。
泥臭いこともできることが、重要です。
しかも、そうしているうちに泥臭いことが、楽しくなるのです。

98.

社長は、アルバイトも可。アルバイトで、ノウハウを学べる。

社長は、アルバイトをすることも自由です。
アルバイトをしなければならないのではありません。
好きで、アルバイトができるようになるのです。
アルバイトをしながら、ノウハウを学ぶことができます。

99. 覆面アルバイトは、真剣にすることで学べる。

アルバイトといっても、いい加減な気持ちではなにも学べません。
真剣に働くことでしか本当の学びはないのです。
時には学生アルバイトくんに、怒鳴られることもあります。
けれど優秀なアルバイトくんを、そこでスカウトすることもできます。
社長のアルバイトは、覆面アルバイトなのです。

第5章

すべての人がお客様になる

100. お客様を探すのではなく、すべての人がお客様と考える。

「お客様が、なかなか来ない」とグチをこぼしている時間はありません。
お客様はいます。すべての人が、お客様です。
「困っている人」を探すのではありません。
すべての人の「困っていること」を、探すのです。

101・お客様になってもらうには、まず自分がお客様になる。

誰もが、お客様を探しています。
相手と関係を築くには、まず自分が相手のお客様になることです。
人は、自分のお客様を好きになります。
相手に好きになってもらうには、まず自分が相手を好きになることです。

102.
まず、相手のファンになる。好きになられた人を、人は好きになる。

ファンは、ワンウェイではありません。
ファンは、恋愛関係です。
まず、自分が好きにならないと、恋愛は始まりません。
ファンとは、お客様と恋愛関係になることなのです。

103.「何を、するか」より「誰に、するか」を決める。

「何を、するか」と言ってると、永遠に決められません。
お客様を、先に決めるのです。
「この人のためにやろう」と決める。
そして、「この人は、何に困っているか」を考えるのです。

104. ファンづくりには、数を求めない。

ファンは、人であって数字ではありません。
「フォロワー目標○○人」と言われると、ファンは引いてしまいます。
人数が増えることは、お客様にとってはデメリットなのです。
「予約が取れない」「何時間待ち」は、売り手の自己満足なのです。

105. お客様を頭数で数えない。

頭数《あたまかず》に数えられることは、人として見てもらっていないということです。

そこに、人は切なさを感じるのです。

ファンは、「1対1」の関係です。

「1対多」を感じたとき、お客様は離れていきます。

106.
クレームを言わないお客様は来なくなる。クレームを言ったお客様は、また来る。

クレームを言わないお客様は、突然、来なくなります。
逆に、クレームを言ったお客様は、また来ます。
クレームが反映されているかを、確認しに来るのです。
そしてクレームを言うお客様が、ファンになるのです。

107.

「また来たい」とアンケートに書いても、来ないのが普通。

会社をつくった当初は、お客様の反応に一喜一憂《いっきいちゆう》するものです。
アンケートに、「ぜひ、また来たい」と書いたお客様は来ません。
これは誰もが、通る道です。
お客様の反応に、一喜一憂しなくなったときが、
ワンステップ上がったときです。

108. 目の前の人は、お客様ではない。お客様は、向こう側にいる。

宣伝ばかりすることに集中していると、しんどくなります。
本業に専念するためには、宣伝をしなくてもいいようになることです。
周りの人に紹介してもらえるようになると、宣伝をしなくてよくなります。
本業に専念することが、最大の宣伝になるのです。

109.

家族を説得できれば、お客様も説得できる。

会社をつくるとは、お客様を説得するということです。

家族を説得できないようでは、お客様は説得できません。

家族を説得できれば、お客様も説得できます。

家族は、一人目のお客様なのです。

110. 付き添いで来た人が、まさかのお客様になる。

「この人は、きっとお客様になってくれる」というお客様は、お客様にはなりません。
そんな期待を裏切られると、人間不信に陥るものです。
ところが意外にも、「付き添いで来たまさかの人」が、お客様になることがあります。
諦めてはいけません。

111. 目の前の人にとって、「紹介したい人」になる。

「紹介を依頼しない人」ほど、紹介したくなります。
お客様は、お客様が連れてくるものです。
想像以上の仕事に感動してくれた人が、お客様を紹介してくれます。
勝負は、顔の見えない人ではなく、「目の前にある仕事」です。

112.

お客様のカッコいいお手本になる。そのために、カッコいいお手本を持つ。

「カッコいいお手本」となる人に、ファンはつきます。
ファンになる動機は、メリットではなく、美学です。
「お得」ではなく、「カッコいい」なのです。
カッコいいお手本になるには、自分もカッコいいお手本を持つことです。

113. ファンになってもらうには、行動力が要る。

「ファンになってください」と言っても、簡単にはなってもらえません。

具体的な行動をすることで、ファンになってもらえるのです。

行動とは、「マメさ」と「細やかさ」と「スピード」です。

この3つは、連動しています。

3つともある人と、3つともない人に、くっきり分かれます。

114. ファンがつく人は、「知らない体験」を持っている。

モノ・機能・知識だけでは、ファンになりません。
ヒト・体験によって、ファンになります。
「自分がしたことがない体験」を持っている人のファンになります。
伝聞情報ではなく、自分の生身の体験を増やすことが大事です。

115.

「集客」という言葉を使う人には、人は集まらない。

「どうしたら、集客できますか」という人のファンになりたいと思う人はいません。

「こうすれば、集客できる」という人に、ファンはつきません。

「集客」「リピーター」「ユーザー」「囲い込み」という言葉に、人は、切なさを感じるのです。

116.

ファンは、お客様になりたくない。サービスされるより、手伝いたい。

小さな会社をつくったら、お客様に手伝ってもらうことです。
僕の実家のスナックでは、常連のお客様の特権は、
カウンターのなかで、グラスを洗う手伝いができることです。
「お客様扱い」よりも、「身内扱い」してもらえることが、喜びになります。

117. ファンづくりとは、一票を入れてもらうこと。

商品を買ってもらうということは、一票を入れてもらうということです。
モノの対価を支払うということではありません。
お客様は、選挙でいうと一票を持つ有権者です。
一人の人間として、評価してもらうということなのです。

118. ファンになってもらうには、「こうなりたい」と思える存在になる。

お客様は、そのサービスを受けることで、「こうなりたい」と思い、ファンになります。

同じ商品・同じサービスだったら、「こうなりたい」という人から買います。

モノで選ばれているのではなく、人で選ばれているのです。

119. 自分自身が、「こうなりたい」という人を持ち、学び続ける。

成長している人にファンはつきます。
成長していない人は、飽きられて、関係が持続しません。
ファンとの関係は、長続きすることが前提です。
「こうなりたい」という人を持ち、学び続けている人のファンになるのです。

120 新規開拓は、想像力から生まれる。

新しい会社では、新規のお客様が重要です。

このときに、サラリーマン時代は、先輩から引き継いで仕事をしていたことに気づきます。

新規開拓とは、「この人は、こういうことで困っているのでは」という想像力から生まれます。

121 ・

新規開拓は、「変な依頼」から始まる。自分も知らなかった能力に出会える。

新規の依頼は、必ず「変な依頼」から生まれます。

「なんで、自分にそんな仕事が来るのかな」と、とまどうような依頼です。

自分の本業や、得意でない仕事の依頼です。

それを引き受けることで、自分でも気づかなかった能力が、引き出されます。

122・新規開拓は、他の人が断った仕事にある。

新規の仕事は、「おいしい仕事」や「人気の仕事」にはありません。
「みんなが、やりたい仕事」は、すぐに大きな会社に取られます。
「みんなが、断った仕事」から、新規の仕事は生まれます。
「みんなが、断った仕事」が来たら、チャンスなのです。

123.

「もし仕事を依頼されたら」と、依頼される前に考えておく。

「なかなか、依頼がありません」とグチをこぼしている時間はありません。
仕事は、依頼される前から決まっています。
仕事を、依頼されてから考え始めていたのでは遅いのです。
依頼される前に、条件反射で考え始めている人だけに依頼は来ます。

124・依頼されることを想像すると、具体的な準備を始める。

「あれを頼まれたら、どうやろうか」と、頼まれる前に考え始めることです。
「そのためには、あれを用意しておかないといけない」と、用意が始まります。
用意とは、抽象的な精神論を具体的な行動に置き換えることです。
精神論だけの人は、結局スピードで他の人に負けます。

125.

依頼の前に、相手に関心を持つ。事前情報を徹底収集する。

仕事よりも、お客様という「人間」に、関心を持つことです。

仕事のプロではなく、「人間のプロ」になることです。

依頼内容より、依頼した人に、関心を持つのです。

事前情報は、依頼してくる「人間」について収集するのです。

126. 頼まれた以上にやるようになる。そこから次へと広がっていく。

「頼まれたことは、一応、やっている」レベルでは、次の依頼は来ません。
同じレベルの仕上がりなら、大きな会社に依頼したほうが安心だからです。
小さな会社に依頼するのは、頼まれた以上の仕事をしてくれるからです。
値引きをすることではありません。
価格を下げることではなく、価値を上げていくのです。

127. 能力よりも想像力。お客様の想像を超える。

お客様と同じレベルの想像をしていたのでは、仕事の依頼は来ません。
お客様の想像を超えた仕事をしたとき、次の仕事の依頼が来ます。
お客様の側も、想像していることに気づくことです。
同時に、ライバル会社の想像力を超えた想像をすることです。
能力よりも、想像力で上回ることです。

128・想像力は、踏み込みすぎるところから生まれる。

想像力とは、「よけいなことを考える力」のことです。
「そんなこと、頼んでいないよ」と言われるくらいでないと、
本当に想像しているとは言えません。
遠慮していると、想像力でお客様を感動させることはできないのです。

第6章

会社をつくると社長同士が友達になる

129. 社長になると、社長が友達になる。

サラリーマン時代は、社長と友達になる機会は、ほぼありません。
社長と社員の間には、お互いに精神的な壁があるからです。
自分の会社をつくると、社長というだけで他社の社長と友達になれます。
一人の会社でも、従業員が1万人の会社でも、社長同士は友だちになれるのです。

130.

「独立したら、ぜひお願いします」という人は、来ない。

サラリーマン時代には、
「○○さんが、独立したら、ぜひお願いします」と言われます。
それは、所属している会社へのリップサービスです。
自分の実力と、会社の看板の力の区別をすることです。

131. 会社を辞めても続く人脈が、本当の自分の人脈。

会社を辞めると、人脈が一気に減ります。
それは自分の人脈ではなく、会社という組織があっての人脈だっただけのことです。
会社をつくることで、「元の会社の人脈」と、「自分の人脈」の区別がつきます。
本当の自分の人脈に気づくことから始まるのです。

132. 友だちは、1回は来てくれる。2回目は来ない。

会社を始めると、最初は、友達が来てくれます。
それは、「ご祝儀参加」です。
来てくれなくなったと、友だちを恨《うら》まないことです。
友達以外のお客様が来るようになって、初めて仕事が始まるのです。

133. 調べればわかることを人に聞く人は、大事なことを教わることができない。

「自分で調べればわかること」を簡単に聞いてくる人がいます。
これは、聞くチャンスを逃《のが》しています。
人から学ぶということは、人からでしか学べないことを聞くということです。
自分で調べればわかることは、自分で調べることです。

134・知名度が上がっても、仕事は来ない。知名度と、信頼度の違いがわかる。

「仕事が来ないのは、知名度がないからだ」というのは、間違いです。
「知名度があれば、仕事が来る」と思っていると、うまくいきません。
仕事の依頼は、知名度ではなく、信頼度で来ます。
「知っている」を「間違いない」に変える工夫が必要なのです。

135. 後継者がいなくて、社長を探している会社は無限にある。

「社長になるのは難しい」というのは、勘違いです。
実際には、社長のなり手が足りなくて、困っているのです。
「人手不足」なのではなく、「社長不足」なのです。
今は、すでにある繁盛店を引き継いでくれる人も、求められているのです。

136. 社長の後継者は、お客様から生まれる。

「美味しいラーメン店」の店長は、常連のお客様から生まれます。
通い続けていることで、そのお店の味を知っているからです。
「優れたお客様」にならなければ、
「優れたサービスマン」になることは、できません。
まず、「優れたお客様」になることです。

137. 親が会社をつくると、子どもも会社をつくる。

会社は、一代限りでいい。
子どもに、継がせる必要はありません。
継がせなくていいのです。
親が会社をつくるのを見て、子どもは、自分の会社をつくるからです。

138. 紹介されるには、信頼力が要る。「この人なら」と思われるようになる。

「紹介してください」という人は、紹介してもらえません。
「この人なら、安心」と思える人だけが、紹介してもらえます。
紹介するのは、紹介した側のリスクにもなります。
「ひどい人を紹介された」と言われると、
紹介者自身の信用を落とすことになるからです。

139.
紹介されるには、まず自分が紹介する。

「紹介してください」と言う人は、自分からは人を紹介しません。
紹介してもらえる人は、自分からどんどん人を紹介します。
紹介することで、紹介する人の心理を学ぶことができます。
紹介されると、自分もお返しに、人を紹介してあげたくなるのです。

140.

「何か、手伝えることは？」ではなく、自分で見つけて始めている。

「何か、手伝えることはありますか？」と聞く人は、仕事を頼んでも、思いどおりに動いてくれません。

できる人は、聞く前に、すでに自分で始めています。

会社をつくるのは、手伝いの延長です。

141. 手伝っているうちに、「社長をやってよ」と頼まれる。

社長は、手伝いから始まります。
アルバイトくんから、社長になった人も大勢います。
生徒から、先生になった人も大勢います。
社内で出世するより、居抜きで会社を引き受ける作戦もあるのです。

142.

「信用してください」の言葉より、具体的な行動で信用される。

信用がなければ、会社をつくってもうまくいきません。
会社の経営は、能力よりも信用でうまくいきます。
「信用してください」だけでは、信用してもらえません。
信用される行動を起こすことで、信用は生まれます。

143. 成功を目指している人より、夢を追いかけている人に、仕事は集まる。

会社をつくるとは、仲間やお客様を集めるということです。
成功を目指すことと、夢を目指すことは違います。
自分の成功を目指すだけの人に、人は集まりません。
夢を追いかける人に、人は集まります。

144. たまたま会った瞬間が、社長プレゼン。

社長になると、すべての出会いが、プレゼンテーションの場になります。
一回戦が、すでに決勝戦です。
いつ、社長プレゼンになってもいいように、常に準備しておくことです。
そうすれば、社長は、「シード枠」に組まれるのです。

145. 初対面時は挨拶もお土産も要らない。企画を持っていく。

「今度、企画書を、持参します」では、チャンスを失います。
社長は、その場で、相手の社長に企画を見てもらえるのです。
「社に持ち帰って」ということなしに、その場で判断されます。
いつも、ポケットに企画を入れておくのが、社長です。

146・人に会うときは、徹底的に調べていく。

出会ったときが、最終面接です。
会う前に相手の情報を、徹底的に調べておくことです。
あとから調べて、「あの話をすればよかった」では、遅いのです。
事前の下調べで、勝負はついているのです。

147. レスポンスが早いと、信用される。

自分で小さな会社を始めたときの強みは、小回りが利くことです。
小回りが利くとは、レスポンスが早いということです。
小さな自分の会社に仕事を依頼してもらうには、
とにかくレスポンスをできるだけ早くすることです。

148. 紹介されたら連絡する。「連絡しました」「会います」「会いました」

人を紹介した人は、その後、どうなったかも心配しています。

「連絡しました」「会うことになりました」「会ってきました」と連絡してくる人だけが、次もまた紹介してもらえます。

「連絡すると、相手の時間を奪うのではないか」と考える人には、次はありません。

149. しまわれた名刺を、もう一度、出させたら勝ち。

社長は、人で判断します。
受け取った名刺をポケットにしまわれたままなら、不合格です。
名刺入れに入れた名刺を、もう一度、取り出して顔を見られたら、
それが「合格」です。

第7章

社長は大変。だけど楽しい

150. やりたい仕事の「難しさ」を学ぶ人が、うまくいく。

他の人がつくった会社の「楽しそう」なところだけが見えているうちは、
その仕事を始めても、うまくいきません。
「あの仕事は、難しいよね」と、難しさがわかっている人のほうが、
うまくいきます。

漠然と難しいと思うのではなく、なにが難しいのか具体的に気づいているからです。

151.

「元○○に、勤めていました」と言わなくなった時からうまくいく。

「元○○に、勤めていました」と言ってるうちは、うまくいきません。
「○○は、私がやりました」と言っているうちは、前には進めません。
会社をつくるとは、前に進むということです。
「昔」の話より「今度」の話に変わると、うまくいきます。

152. 自分の不運を、人のせいにしない人が、うまくいく。

会社の経営に、運不運はつきものです。
スポーツは、運不運込みであるのと同じです。
不運は、すべての人に平等に訪れます。
不運を、人のせいにしない人が、うまくいきます。

153. たとえ、うまくいかなくても、ゴキゲンな人が、うまくいく。

会社をつくって、うまくいく人はゴキゲンな人です。

会社をつくっても、うまくいかないことだらけです。

うまくいかないことだらけでも、ゴキゲンでいる人がうまくいきます。

うまくいかないことだらけなのは、「それでも、ゴキゲンでいられるか」という神様のテストなのです。

154. 業界の先輩が、「教えたくなる人」が、うまくいく。

知識やコツは、業界の先輩が教えてくれます。
業界の先輩に教えてもらうコツは、「教えたくなる人」になることです。
先輩は、後輩に教える義務はありません。
たとえライバルであっても、「教えたくなる人」には、教えてくれます。

155.

「助けてくれる人」より、「助けてあげたい人」がうまくいく。

会社をつくると、お客様を助けてあげようという気持ちになります。
ところが実際には、「お客様から助けてもらえる人」が、うまくいきます。
助けてもらうには、「助けてあげたい人」になることです。
写真やアルバイトさんからも、「助けてあげたい」と思われる人になることです。

156.

「技術がある」と思われるより、「よっぽど好きなんだな」と思われる。

うまくいくのは、知識や技術のある人とは限りません。
「よっぽど好きなんだな」と周りの人が感じる人が、うまくいきます。
自分でいくら「好きなんです」と言っても、うまくいきません。
「好き」が「好きすぎる」までになって、周りの人もそれを感じるのです。

157. うまくいっている人の「簡単」は、当たり前にレベルが違う。

うまくいっている人にコツを聞くと、
「当たり前のことしかしていません」と言います。
実は、かなりレベルの高いことをしているのです。
企業秘密にしているわけではありません。
うまくいってる人の「当たり前のレベル」が高いだけです。

158.

会社をつくると自由になれる。自由は、覚悟とセットで得られる。

会社をつくると、自由が得られます。
でも、時間的自由と、金銭的自由はなくなります。
時間とお金を手放すことが「覚悟」です。
そのかわり、精神的自由が手に入ります。

159.

「なれるかどうか」ではなく、「なりたいかどうか」だ。

「なれるでしょうか」と考える人は、なれません。
「なりたい」という人が、なれます。
能力だけでは、なれません。
意志があって、なれるのです。

160. 優等生ではなく、落ちこぼれほど、会社をつくるとイキイキする。

同窓会でイキイキしている人は、学生時代、落ちこぼれだった人です。
いい会社に入れなかったので、自分で会社をつくっているのです。
逆に元気がないのは、優等生だった人です。
いい会社に入って、覇気《はき》がなくなってしまったのです。

161. 会社をつくることで、狭い世界で生きてきたことに気づく。

サラリーマンをしているときは、広い世界で生きているつもりでした。
自分で会社をつくって社会に出ると、
会社の外には、もっと大きな世界があることに気づきます。
それまで見えなかったものが、見えてくるということです。

162. 社会の「役に立つ」ためではない、社会に「お返し」するのだ。

「社会の役に立ちたい」と思って会社をつくる人が、成功します。
「役に立ちたい」というだけではないのです。
多くのお世話をしてもらった社会に、お返しをしようとしているのです。
「お返し」という感覚になれるのも、会社をつくったからなのです。

163. 自分で会社をつくることで、勤めていた会社のありがたみがわかる。

自分で会社をつくると、今まで会社に、どれほどお世話になっていたかに初めて気づかされます。不満や文句があればあるほど、会社の恩に気づきます。会社を自分でつくってみないと、勤めている会社の恩に気づけないのです。

164. 視野を広げるとは、困っている人の気持ちに気づくこと。

会社をつくると、視野が広がります。
視野を広げるとは、相手の立場に立って考えるということだけではありません。
相手の気持ちを感じることです。
相手の「きゅん」や「切なさ」に気づけるということです。

165. 社長とは、労働時間が一番長くて、一番楽しんでいる人のことだ。

社長は、会社に一番早く来て、一番最後に帰ります。
鍵を開けるのも、鍵を閉めるのも、社長の仕事です。
小さな会社だけでなく、大企業でも同じです。
労働時間が最も長く、それなのに一番楽しんでいるのが社長です。

166.
確実に「儲かること」はできない。確実に「楽しむこと」はできる。

「儲けることは、簡単ではないよ」と言われます。
実際、儲けることは、難しいです。
必ず儲けることができるとは、限りません。
確実に言えることは、楽しむことはできるということです。

167.

大手企業の社員より、たとえ小さくても社長のほうがモテる。

有名な企業の社員であることは、本人が思っているほど、モテる要素にはなりません。

「有名動物園」で飼われているというだけの人もいるからです。

本人が思っているほど、社名は、万能ではないのです。

168. 社長は、大変。だけど、楽しい。

「このまま組織で働くのが、しんどいから」という理由だけなら、社長にならないほうがいいでしょう。

実は、社長は社員より、はるかにしんどくて、孤独です。

そのかわり、大変だけど楽しいという職種です。

169. あとがき

「会社をつくるなんて、やめておけ」と言いながら、社長は楽しそうだ。

「会社をつくろうと思う」と言うと、
先輩社長は、「大変だから、やめておきなさい」と言います。
そう言いながら、とてもゴキゲンなのです。
大変さは、立場によって、受け取り方が変わります。
社長になると、大変さは、楽しさに変わるのです。

主な作品一覧

ダイヤモンド社

『60代でしなければならない50のこと』
『面接の達人 バイブル版』
『なぜあの人は感情的にならないのか』
『50代でしなければならない55のこと』
『なぜあの人の話は楽しいのか』
『なぜあの人はすぐやるのか』
『なぜあの人は逆境に強いのか』
『なぜあの人の話に納得してしまうのか［新版］』
『なぜあの人は勉強が続くのか』
『なぜあの人は仕事ができるのか』
『25歳までにしなければならない59のこと』
『なぜあの人は整理がうまいのか』
『なぜあの人はいつもやる気があるのか』
『なぜあのリーダーに人はついていくのか』
『大人のマナー』
『プラス1％の企画力』
『なぜあの人は人前で話すのがうまいのか』
『あなたが「あなた」を超えるとき』
『中谷彰宏金言集』
『こんな上司に叱られたい。』
『フォローの達人』
『「キレない力」を作る50の方法』
『女性に尊敬されるリーダーが、成功する。』
『30代で出会わなければならない50人』
『20代で出会わなければならない50人』
『就活時代しなければならない50のこと』
『あせらず、止まらず、退かず。』
『お客様を育てるサービス』
『あの人の下なら、「やる気」が出る。』
『なくてはならない人になる』
『人のためにに何ができるか』

『キャパのある人が、成功する。』
『時間をプレゼントする人が、成功する。』
『明日がワクワクする50の方法』
『ターニングポイントに立つ君に』
『空気を読める人が、成功する。』
『整理力を高める50の方法』
『迷いを断ち切る50の方法』
『なぜあの人は10歳若く見えるのか』
『初対面で好かれる60の話し方』
『成功体質になる50の方法』
『運が開ける接客術』
『運のいい人に好かれる50の方法』
『本番力を高める57の方法』
『運が開ける勉強法』
『バランス力のある人が、成功する。』
『ラスト3分に強くなる50の方法』
『逆転力を高める50の方法』
『最初の3年 その他大勢から抜け出す50の方法』
『ドタン場に強くなる50の方法』

『アイデアが止まらなくなる50の方法』
『思い出した夢は、実現する。』
『メンタル力で逆転する50の方法』
『自分力を高めるヒント』
『なぜあの人はストレスに強いのか』
『面白くなければカッコよくない』
『たった一言で生まれ変わる』
『スピード自己実現』
『スピード開運術』
『スピード問題解決』
『スピード危機管理』
『一流の勉強術』
『スピード意識改革』
『お客様のファンになろう』
『20代自分らしく生きる45の方法』
『なぜあの人は問題解決がうまいのか』
『しびれるサービス』
『大人のスピード説得術』
『お客様に学ぶサービス勉強法』

『スピード人脈術』
『スピードサービス』
『スピード成功の方程式』
『スピードリーダーシップ』
『出会いにひとつのムダもない』
『なぜあの人は気がきくのか』
『お客様にしなければならない50のこと』
『大人になる前にしなければならない50のこと』
『なぜあの人はお客さんに好かれるのか』
『会社で教えてくれない50のこと』
『なぜあの人は時間を創り出せるのか』
『なぜあの人は運が強いのか』
『20代でしなければならない50のこと』
『なぜあの人はプレッシャーに強いのか』
『大学時代しなければならない50のこと』
『あなたに起こることはすべて正しい』

きずな出版

『チャンスをつかめる人のビジネスマナー』
『生きる誘惑』
『しがみつかない大人になる63の方法』
『「理不尽」が多い人ほど、強くなる。』
『グズグズしない人の61の習慣』
『イライラしない人の63の習慣』
『悩まない人の63の習慣』
『いい女は「涙を背に流し、微笑みを抱く男」とつきあう。』
『ファーストクラスに乗る人の自己投資』
『いい女は「紳士」とつきあう。』
『ファーストクラスに乗る人の発想』
『いい女は「言いなりになりたい男」とつきあう。』
『ファーストクラスに乗る人の人間関係』
『いい女は「変身させてくれる男」とつきあう。』
『ファーストクラスに乗る人の人脈』
『ファーストクラスに乗る人のお金2』
『ファーストクラスに乗る人の仕事』
『ファーストクラスに乗る人の教育』
『ファーストクラスに乗る人の勉強』
『ファーストクラスに乗る人のお金』
『ファーストクラスに乗る人のノート』

『ギリギリセーフ』

リベラル社

『好かれる人の言いかえ』
『好かれる人は話し方が9割』【文庫】
『20代をどう生きるか』
『30代をどう生きるか』【文庫】
『メンタルと体調のリセット術』
『新しい仕事術』
『哲学の話』
『1分で伝える力』
『「また会いたい」と思われる人「二度目はない」と思われる人』
『モチベーションの強化書』
『50代がもっともっと楽しくなる方法』
『40代がもっと楽しくなる方法』
『30代が楽しくなる方法』
『チャンスをつかむ　超会話術』
『自分を変える　超時間術』
『問題解決のコツ』
『リーダーの技術』
『一流の話し方』
『一流のお金の生み出し方』
『一流の思考の作り方』
『一流の時間の使い方』

PHP研究所

『自己肯定感が一瞬で上がる63の方法』【文庫】
『定年前に生まれ変わろう』
『メンタルが強くなる60のルーティン』
『中学時代にガンバれる40の言葉』
『中学時代がハッピーになる30のこと』
『もう一度会いたくなる人の聞く力』
『14歳からの人生哲学』
『受験生すぐにできる50のこと』
『高校受験すぐにできる40のこと』
『ほんのささいなことに、恋の幸せがある。』
『高校時代にしておく50のこと』
『お金持ちは、お札の向きがそろっている。』【文庫】
『仕事の極め方』

『中学時代にしておく50のこと』
『たった3分で愛される人になる』【文庫】
『「できる人」のスピード整理術』【図解】
『「できる人」の時間活用ノート』【図解】
『自分で考える人が成功する』【文庫】
『入社3年目までに勝負がつく77の法則』【文庫】

大和書房

『いい女は「ひとり時間」で磨かれる』【文庫】
『大人の男の身だしなみ』
『今日から「印象美人」』【文庫】
『いい女のしぐさ』【文庫】
『美人は、片づけから。』【文庫】
『いい女の話し方』【文庫】
『「女を楽しませる」ことが男の最高の仕事。』【文庫】
『男は女で修行する。』【文庫】

あさ出版

『うまくいかなくて、ちょうどいい。』
『孤独が人生を豊かにする』
『気まずくならない雑談力』
『「いつまでもクヨクヨしたくない」とき読む本』
『「イライラしてるな」と思ったとき読む本』
『なぜあの人は会話がつづくのか』

水王舎

『なぜ美術館に通う人は「気品」があるのか。』
『なぜあの人は「美意識」があるのか。』
『なぜあの人は「教養」があるのか。』
『結果を出す人の話し方』
『「人脈」を「お金」にかえる勉強』
『「学び」を「お金」にかえる勉強』

青春出版社

『言い換えで、人生が変わる。』
『人はマナーでつくられる』
『50代「仕事に困らない人」は見えないところで何をしているのか』
『50代でうまくいく人の無意識の習慣』
『いくつになっても「求められる人」の小さな習慣』

自由国民社

『期待より、希望を持とう。』

『不安を、ワクワクに変えよう。』
『「そのうち何か一緒に」を、卒業しよう。』
『君がイキイキしていると、僕はうれしい。』

すばる舎リンケージ

『仕事が速い人が無意識にしている工夫』
『好かれる人が無意識にしている文章の書き方』
『好かれる人が無意識にしている言葉の選び方』
『好かれる人が無意識にしている気の使い方』

日本実業出版社

『出会いに恵まれる女性がしている63のこと』
『凛とした女性がしている63のこと』
『一流の人が言わない50のこと』
『一流の男 一流の風格』

かざひの文庫

『銀座スタイル』
『本に、オトナにしてもらった。』
『そのひと手間を、誰かが見てくれている。』

河出書房新社

『一流の人は、教わり方が違う。』【新書】
『成功する人のすごいリアクション』
『成功する人は、教わり方が違う。』

現代書林

『チャンスは「ムダなこと」から生まれる。』
『お金の不安がなくなる60の方法』
『なぜあの人には「大人の色気」があるのか』

ぱる出版

『品のある稼ぎ方・使い方』
『察する人、間の悪い人。』
『選ばれる人、選ばれない人。』

DHC

『会う人みんな神さま』ポストカード

『会う人みんな神さま』書画集

『あと「ひとこと」の英会話』

第三文明社

『中谷彰宏の子育てワクワク作戦』
『仕事は、最高に楽しい。』

ユサブル

『迷った時、「答え」は歴史の中にある。』

『1秒で刺さる書き方』

大和出版

『自己演出力』

『一流の準備力』

リンデン舎

『状況は、自分が思うほど悪くない。』

『速いミスは、許される。』

毎日新聞出版

『あなたのまわりに「いいこと」が起きる70の言葉』

『なぜあの人は心が折れないのか』

文芸社

『全力で、1ミリ進もう。』【文庫】

『贅沢なキスをしよう。』【文庫】

総合法令出版

『「気がきくね」と言われる人のシンプルな法則』

『伝説のホストに学ぶ82の成功法則』

東京ニュース通信社

『自分の本を出すためのバイブル』

ベースボール・マガジン社

『「生活のアスリート」になろう。』

春陽堂書店

『色気は、50歳から。』

エムディエヌコーポレーション

『カッコいい大人になろう』

彩流社

『40代「進化するチーム」のリーダーは部下をどう成長させているか』

学研プラス

『読む本で、人生が変わる。』

WAVE出版

『リアクションを制する者が20代を制する。』

二見書房

『「お金持ち」の時間術』【文庫】

ミライカナイ

『名前を聞く前に、キスをしよう。』

イースト・プレス

『なぜかモテる人がしている42のこと』【文庫】

著者略歴

中谷彰宏（なかたに あきひろ）

1959年、大阪府生まれ。早稲田大学第一文学部演劇科卒業。84年、博報堂入社。ＣＭプランナーとして、テレビ、ラジオＣＭの企画、演出をする。91年、独立し、株式会社中谷彰宏事務所を設立。ビジネス書から、恋愛エッセイ、小説まで多岐にわたるジャンルで、数多くのベストセラー、ロングセラーを送り出す。「中谷塾」を主宰し、全国で講演・ワークショップ活動を行っている。

本の感想など、どんなことでも
あなたからのお手紙を楽しみにしています。
僕は、本気で読みます。
中谷彰宏

送り先

〒101-0051　東京都千代田区神田神保町一丁目105番地
株式会社エムディエヌコーポレーション　ノンフィクション編集部気付
中谷彰宏 行

※食品、現金、切手などの同封はご遠慮ください。（編集部）

中谷彰宏公式サイト an-web

https://an-web.com/

YouTube 中谷彰宏チャンネル

https://www.youtube.com/@nakatani_akihiro.official/

中谷彰宏は、盲導犬育成事業に賛同し、この本の印税の一部を（公財）日本盲導犬協会に寄付しています。

制作スタッフ

〔装丁〕　斉藤よしのぶ
〔DTP〕　株式会社三協美術

〔編集長〕　山口康夫
〔担当編集〕　河西　泰

さぁ、会社《かいしゃ》でもつくろうか

2023年10月1日　初版第1刷発行

〔著　者〕　中谷彰宏《なかたにあきひろ》

〔発行人〕　山口康夫
〔発　行〕　株式会社エムディエヌコーポレーション
〒101-0051　東京都千代田区神田神保町一丁目105番地
https://books.MdN.co.jp/
〔発　売〕　株式会社インプレス
〒101-0051　東京都千代田区神田神保町一丁目105番地
〔印刷・製本〕中央精版印刷株式会社

〔カスタマーセンター〕
造本には万全を期しておりますが、万一、落丁・乱丁などがございましたら、送料小社負担にてお取り替えいたします。お手数ですが、カスタマーセンターまでご返送ください。

■落丁・乱丁本などのご返送先
〒101-0051　東京都千代田区神田神保町一丁目105番地
株式会社エムディエヌコーポレーション カスタマーセンター
TEL：03-4334-2915

■書店・販売店のご注文受付
株式会社インプレス　受注センター
TEL：048-449-8040／FAX：048-449-8041

内容に関するお問い合わせ先
株式会社エムディエヌコーポレーション　カスタマーセンターメール窓口
info@MdN.co.jp

本書の内容に関するご質問は、Eメールのみの受付となります。メールの件名は「さぁ、会社でもつくろうか　質問係」とお書きください。電話やFAX、郵便でのご質問にはお答えできません。ご質問の内容によりましては、しばらくお時間をいただく場合がございます。また、本書の範囲を超えるご質問に関しましてはお答えいたしかねますので、あらかじめご了承ください。

ISBN978-4-295-20610-1　C0034